AF390636

10 Mai 1902.

VENTE DU SAMEDI 10 MAI 1902

HOTEL DROUOT, SALLE Nº 1

à 2 heures 1/4

TRÈS BELLES

TAPISSERIES

DES XVIIᵉ ET XVIIIᵉ SIÈCLES

OBJETS D'ART

ET DE

BEL AMEUBLEMENT

TABLEAUX

BRONZES ANCIENS DE BARYE

Mᵉ HENRI BERNIER	M. ARTHUR BLOCHE
COMMISSAIRE-PRISEUR	EXPERT PRÈS LA COUR D'APPEL
11, rue Saint-Lazare	28, rue de Châteaudun

EXPOSITION PUBLIQUE

Le Vendredi 9 Mai 1902, de 2 heures à 6 heures

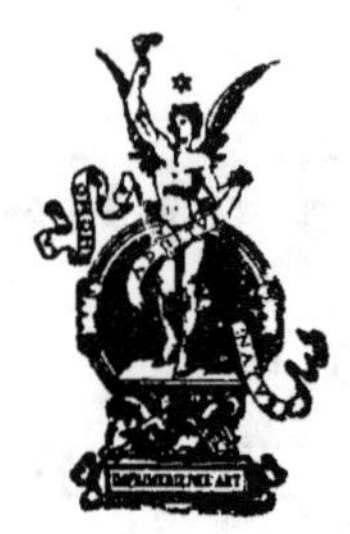

IMPRIMERIE DE L'ART

CONDITIONS DE LA VENTF

Elle sera faite au comptant.

Les acquéreurs payeront *dix pour cent* en sus des prix d'adjudication.

L'exposition mettant le public à même de se rendre compte de l'état et de la nature des objets, aucune réclamation ne sera admise une fois l'adjudication prononcée.

Paris.—Imp. de l'Art, E. Moreau et Cⁱᵉ, 41, r. de la Victoire.

DÉSIGNATION

TAPISSERIES

1 à 3 — Trois magnifiques tapisseries de Bruxelles, du temps de Louis XIV, représentant des armoiries enveloppées de palmes, surmontées de couronnes et de lions héraldiques ; ces blasons se détachent sur des draperies frangées d'or et portées par de grands amours aux ailes ouvertes au milieu de superbes guirlandes et jetées de fleurs enrubannées qui forment bordures et tombent jusqu'au bas. Ces tapisseries sont disposées en portières, encadrées de velours vert, avec longues franges.

4-5 — Deux belles tapisseries, du XVIIe siècle, représentant des scènes historiques et mythologiques, à nombreux personnages, avec jolies bordures sur trois côtés, offrant des volatiles au milieu de chutes et de guirlandes de fleurs et de fruits.

6 — Panneau de tapisserie, du temps de Louis XVI, offrant des grands personnages, avec bordures.

SCUPTURES

7 — Buste de Mme la duchesse de Chevreuse, représentée regardant vers la gauche, les épaules nues, avec draperie garnissant à demi le bas du corsage. Marbre de style Louis XV.

8 — Buste de la Baigneuse de Falconnet. Marbre.

9 — Joli buste d'enfant, se détournant d'un colibri et tenant au coin de ses lèvres une branche fleurie. Marbre.

10 — Buste de femme en marbre blanc, sur socle en marbre de couleur.

OBJETS D'ART

11 — Grande et belle potiche, avec couvercle, en ancienne porcelaine du Japon, décor polychrome et or, à cartels de paysages fleuris et

ornements, couvercle surmonté d'une chimère.

12 — Deux grands vases de Satzuma, décor de personnages à rehauts d'or, montures en bronze doré dans le goût chinois.

13 — Beau groupe en bronze, patine brune : le Cheval attaqué par le Lion, de *Barye*. Signé. Épreuve ancienne.

14 — Beau groupe en bronze, patine verte : le Lion et le Serpent, de *Barye*. Signé. Épreuve ancienne.

15 — Paire de candélabres, formés de vases en porcelaine pâte tendre, décor gros-bleu et or, à sujets mythologiques. Montés en bronze ciselé et doré, à sept lumières. Style Louis XVI.

16 — Joli groupe en bronze : l'Enfant à la cage, de *Pigalle*. Monté sur socle en marbre garni d'un perlé de bronze. Style Louis XVI.

17 — Pendule Louis XVI en bronze doré, à figures de nymphe et d'amour entourant un autel.

18 — Statuette en bronze : la Source, de *Carrier-Belleuse.*

19 — Paire de candélabres, à figures de nymphes en bronze. Style Louis XVI.

20 — Groupe en bronze : faune assis et jeune faune, d'après *Clodion.*

21 — Groupe en bronze : bacchante assise, d'après *Clodion.*

22 — Deux brûle-parfums en bronze doré, de style Louis XVI.

23 — Petit buste de bacchante en bronze.

24 — Paire de bras d'applique en bronze, à trois lumières.

25 — Statuette en bronze : l'Architecture.

26 — Statuette en bronze : la Peinture.

27 — Pendule en bronze, à figures d'enfants. Style Louis XV.

28 — Paire de candélabres en marbre rouge antique, monture en bronze. Style Louis XIV.

29 — Lustre, à dix-huit lumières, en bronze.

30 — Lustre en bronze et cristaux, à trente lumières, disposé pour l'électricité.

31 — Christ en buis sculpté. xviiie siècle.

32 — Fontaine et deux seaux, en cuivre gravé.

33 — Deux seaux vénitiens, en cuivre gravé.

34 — Encrier arabe.

35 — Chien basset, en bronze.

36 — Statuette en bronze : Amphitrite, de *Garnier*.

37 — Groupe en bronze, de *Clodion*.

38 — Coupe en bronze.

39 — Garniture de cheminée en bronze argenté, composée d'une pendule et de deux candélabres à cinq lumières.

40 — Groupe en bronze : la Source.

41 — Cinq figurines chinoises, en ivoire sculpté.

42 — Poignard, signé *Dum*.

43 — Paire de vases de Chine, décor polychrome.

44 — Deux vases de Chine, décor en bleu.

45 — Deux vasques en porcelaine de Chine, décor en couleur.

46 à 5o — Diverses pièces de forme de Chine.

MOBILIER

5i à 53 — Très bel ameublement chinois de
chambre à coucher, en bois de fer sculpté,
composé d'un lit de milieu, une armoire à
glace, une table de nuit, une table et un
écran.

54 — Décors de lit, de fenêtre, de glace et de
portes, en soieries brodées de Chine.

55 — Banquette orientale en chêne.

56 — Encoignure Louis XIV en marqueterie.

57 — Petite table Louis XIV en marqueterie.

58 — Fauteuil Louis XIV en bois sculpté, couvert en soierie.

59 — Console en bois sculpté Louis XV.

60 — Meuble en marqueterie de bois, à fleurs. Style Louis XV.

61 — Meuble en bois sculpté. Époque de la Régence.

62 — Beau paravent triptyque en bois sculpté et doré, encadrement à rubans, le panneau du milieu à fond de glace en haut, orné d'une couronne et de guirlandes de fleurs, deux de côtés agrémentés de traits. Le bas, gaîné de brocard d'argent, fond vert, dessin broché à gerbes de grandes fleurs. Style Louis XVI.

63 — Écran en bois sculpté et doré, fronton à trophée et couronne de fleurs, encadrement à rais de cœur, pieds feuillagés. Panneau en satin vieux rose broché, à grandes fleurs et ramages. Style XVIIIe siècle.

64 — Petit canapé, forme Lamballe, en bois finement sculpté, laqué blanc, dessin de bouquets de fleurs et rubans, fond à trois cais-

sons, accotoirs à contours, foncé de canne. Style Louis XVI.

65 — Table-vitrine en bois d'acajou, garnie de filets de cuivre, glaces biseautées. Style Louis XVI.

66 — Petite table ovale en bois d'acajou, garnie de bronzes, dessin à rocailles. Style Louis XV.

67 — Table ovale en marqueterie de bois de violette et palissandre, avec tablette d'entre-jambe. Style Louis XVI.

68 — Petite commode, forme demi-lune, en bois d'acajou, ornée de filets et d'encadre-ments de cuivre, dessus en marbre blanc, avec galerie ajourée. Style Louis XVI.

69 — Beau meuble Renaissance, ouvrant à deux portes, en bois sculpté, richement décoré de figures fabuleuses et ailées, accostant des écussons, de montants à cariatides de femmes sur gaines feuillagées. Le bas, à jour, est supporté par des cariatides accouplées.

70 — Commode, du temps de Louis XV, en bois

de palissandre et satiné, forme bombée, garnie de bronzes rocailles, dessus en marbre brèche.

71-72 — Deux supports, de forme contournée, en bois de fer sculpté à jour, incrusté de burgau, dessus de marbre. Travail chinois.

73 — Gong, avec son battant en métal, suspendu à une belle monture en bois de fer richement sculpté. Travail chinois.

74 — Console haute en bois sculpté et doré, fond à coquille, fleurs et plantes, supportée par un amour debout, grandeur nature. Style XVIIIe siècle.

75 — Tabouret oriental, incrusté de nacre et d'os.

76-77 — Deux gaines en marbre veiné du Languedoc.

78 — Huit chaises en bois sculpté, rehaussé d'or, dossiers à gerbes couvertes en soierie moirée et rayée vert. Premier Empire.

79 — Deux grands fauteuils Louis XIII en bois

sculpté, sièges et dossiers garnis de damas de
soie rouge.

80-81 — Deux consoles d'angles en bois sculpté,
peint blanc, à fleurs et feuillages, dessus en
marbre jaune veiné.

82 — Grande et belle console, de forme rectan-
gulaire, en bois sculpté et doré, à rinceaux
feuillagés, bandeau du devant offrant un mé-
daillon à personnages, dessus en marbre
veiné. xviiie siècle.

83-84 — Deux écussons en bois sculpté et doré,
formés de deux armoiries accouplées surmontées d'une couronne royale.

85 — Vitrine en thuya et bois noir sculpté, in-
crustations à filets cuivre.

86 — Table guéridon Empire en acajou.

87 — Grand porte-manteau en noyer sculpté, à
fond de glace. Style Renaissance.

88 — Paravent en bois de fer sculpté, ouvrant à
quatre feuilles ornées de soierie brodée. Travail chinois.

89 — Banquette, formant coffre, en chêne sculpté, dossier à médaillons de bustes de personnages. Style Renaissance.

90 — Jolie bergère Louis XV en bois finement sculpté et doré, à rocailles fleuronnées, couverte de soie brochée à festons entrelacés, avec fleurs au milieu.

91 — Bergère en bois doré, couverte en soierie rouge. Style Louis XVI.

92 — Commode en noyer, garnie de cuivres. Époque Louis XVI.

93 — Commode en marqueterie de bois, garnie de bronzes, dessus en marbre. Époque Louis XVI.

94 — Bergère en bois sculpté et doré, couverte en soierie crème. Style Louis XVI.

95-96 — Deux encoignures en marqueterie de bois, garnies de bronzes.

97 — Petite table Louis XVI, forme rognon, en bois de rose.

98 — Coffre en bois, garni d'appliques en cuivre. xviiie siècle.

99 — Deux panneaux en bois sculpté, l'un à rosace et l'autre offrant l'Adoration.

100 — Grand coffret à bijoux en écaille, incrustée d'ivoire, xviie siècle. Gainée de peluche rouge.

TABLEAUX

GÉRARD (Baron)

101 — *Réunion de famille.*

Grand tableau.

GOLTZIUS

102 — *Le Jugement de Pâris.*

Bon tableau sur panneau.

BRUNET-HOUARD

103-104 — *Le Départ et le Retour du croisé.*

Deux beaux tableaux se faisant pendants.
Signés à gauche.

ÉCOLE FRANÇAISE (xviiie siècle)

105 — *Portrait d'un prince de Bourbon.*

En habit de soie bleue, portant des décorations.
Perruque poudrée.

ÉCOLE FRANÇAISE

106 — *L'Enlèvement de la belle Europe.*

ÉCOLE FRANÇAISE

107 — *La Jeunesse enlevée par le Temps.*

ÉCOLE ITALIENNE

108 — *Hercule aux pieds d'Omphale.*

Grand et beau tableau.
Cadre, bois sculpté.

DESAVARY (B.)

109 — *Femmes à la source.*

Signé à gauche.

DINKEL

110 — *Portrait de Jeune Femme.*

Représentée, regardant de profil, coiffée d'un bon-
net noir, la chemise ouverte, laissant voir sa gorge
et sa poitrine ; sur les épaules, un fichu rouge.
Aquarelle.
Signée à gauche.

ROUSSEAU (Th.)

111 — *Les Ramasseurs de bois.*

Signé à gauche.

SUSTERMANS

112-113 — *Portraits d'un patricien et d'une patricienne.*

Représentés en grandeur nature.
Deux beaux tableaux.

WATTEAU (Ecole de)

114 — *Personnages de la Comédie italienne.*

115 — Tableaux omis.

TAPIS

116 — Grand tapis d'Aubusson. Premier Empire.

117 — Tapis d'Orient.

118 — Objets omis.

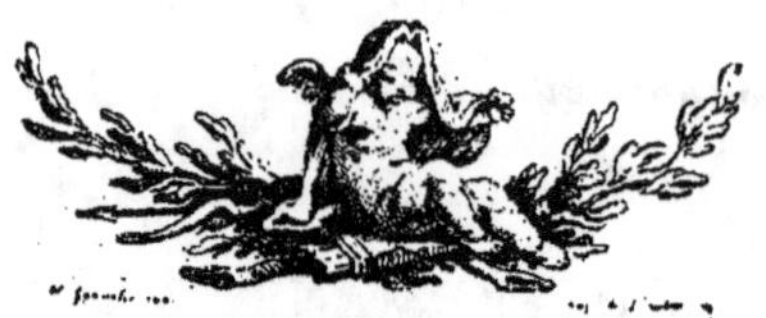